생각해 보면

생각해 보면

박명남 두 번째 시집

머리말

이 세상에 태어나 어려서 무엇을 어떻게 하면 살았는지 어렴풋이나마 생각이 나고 무엇을 해야 하는지는 생각도 없이 학교생활을 하며 세월이 흘러 전쟁을 겪으며 존재를 알게 되고 차츰 크면서 세상을 알게 되고 많은 것을 느꼈습니다.

주로 직장생활을 하며 많은 일을 수행하고 사람들과의 관계를 유지하며 때로는 즐겁고, 때로는 힘들고, 때로는 긴장 속에서 생활하니 사는 것이 이런 거구나 하며 여러 가지를 생각하게 되었습니다.

직장에서 퇴직하고 일에 손을 놓으니 마음도 인생도 다른 세계로 가는 생각이 밀려오고 무엇을 어떻게 하면 좋은가? 멍한 때가 있었습니다. 다행히도 봉사할 일이 있어 사회활동을 하면서 아울러 취미활동으로 활동적인 것과 정적인 것들을 하니 시간도 마음도 편안해져 문학에 관심을 갖게 되었습니다.

최근에는 시도 시작하며 첫 시집을 출판하고 시간이 지나 틈틈이 준비한 시작을 두 번째 시집을 내놓게 되니 자부심도 생기는 것 같습니다.

시를 잘 쓰기보다는 생각나는 대로 소재를 선택하여 썼기에 읽는 분에 공감 가는 부분도 있고, 마음에 느낌이 드는 소재가 되었으면 좋겠습니다.

그러나 시작은 하루아침에 되는 것이 아니라고 느끼며 박종규 교수님 지도 덕분에 시를 쓰게 되어 감사하며 저를 도와주신 많은 분께 고맙게 생각합니다.

2024년 9월 아름다운 가을 맞으며
시인 월계 박 명 남

차 례

머리말/ 4

제1부 **우주의 삶**/ 13

가을의 클로버 새순/ 15
물레방아 도는 내력/ 16
생각해 보면/ 18
바둑의 묘수/ 20
자화상/ 22
간월도/ 24
달리는 철마/ 26
생의 기쁨/ 28
어울려 살자/ 30
잠재된 재능/ 32
어른이란/ 34
대중교통 승객/ 36
우주의 삶/ 38
장마의 여운/ 40
잠자리 펴는 낙엽/ 42

제2부 흰 고깔 쓴 백 연꽃/ 45

비둘기 평화/ 47
발 뻗고 자자/ 48
돌 팔매질/ 50
언제 다시 만나리/ 52
그런 걸 왜/ 54
거짓말/ 56
비 오는 날에/ 57
오늘은 친구들과 부부 등산하는 날/ 58
요동치는 장맛비/ 60
얌전한 장맛비/ 62
즐겁고 행복한 한 주/ 64
흰 고깔 쓴 백 연꽃/ 65
삿갓 여행/ 66
한성에 남긴 발자취/ 68
짐/ 70
슬픔/ 72
유목민의 생활/ 74

제3부 나뭇잎의 노래/ 77

겨울잠 자러 가는 낙엽/ 79
억새와 갈대의 시기/ 80
화롯불/ 82
조그만 실수/ 84
무더운 여름/ 86
나뭇잎의 노래/ 88
매미 소리/ 90
낙엽을 밟으며/ 92
인왕산의 발자취/ 94
고로쇠 물/ 96
불탄 자리 고사리/ 98
태풍/ 99
물든 가을 하늘/ 100
낙엽이 휘날리는 속에/ 102
미끼/ 104
잠재력/ 106
존재가치/ 108

제4부 영혼의 귀향/ 109

가을비/ 111
단풍잎/ 112
한낮의 장대비/ 114
먹구름/ 116
바다 윤슬의 춤/ 117
이 세상이 좋아/ 118
무의도 자매 바위/ 120
영혼의 귀향/ 122
낙조대/ 124
지게꾼 인생/ 125
러닝 자전거 인생/ 126
예단포 서운(瑞雲)/ 127
새벽/ 128
동공도 어쩔 수 없어/ 130
이별/ 132
사랑할 때는 몰라/ 134
조건 없는 사랑/ 135

제5부 신의 귀띔/ 137

연꽃/ 139
태백의 구문소/ 140
여행길은 피난 길/ 142
봄의 노래/ 144
훈풍이 잠 깨워/ 146
프로포즈/ 147
성묘 가는 길/ 148
신의 귀띔/ 150
길/ 152
오리 부부의 사랑/ 154
대청마루/ 156
매미의 사랑/ 158
행복/ 159
자화상/ 160
제라늄꽃/ 162
생물을 넘어서/ 164
철드는 시련/ 166

제6부 종달새의 시름/ 169

칭찬 없는 튕김/ 171
투명 벽 부딪치는 새/ 172
종달새의 시름/ 174
사유/ 176
그리움/ 178
잘될 거야/ 180
뽀얀 연기/ 182
탈춤/ 184
망각/ 186
혼신의 등정/ 188
꽃피는 봄날/ 190
머뭇거리지 마라/ 192
거품/ 193
물만 같아라/ 194
홀로 멍때릴 때/ 196

맺는말/ 198

제1부 우주의 삶

가을의 클로버 새순
물레방아 도는 내력
생각해 보면
바둑의 묘수
자화상
간월도
달리는 철마
생의 기쁨
어울려 살자
잠재된 재능
어른이란
대중교통 승객
우주의 삶
장마의 여운
잠자리 펴는 낙엽

가을의 클로버 새순

기후가 인간의 삶으로
만물이 요동치니
탄소 배출 늘어나고

바람 불고 날아
안개 자욱하니
숨쉬기 어려워

기온이 오르니 봄이
여름이요
겨울은 봄이로세

계절이 변하니
자연이 변하여
봄처럼 가을에 새싹이 나

계절이 변하니
먹잇감이 변하고
계절 맛이 어리벙벙

물레방아 도는 내력

시골 개울 옆
느티나무 한 그루
길가 방앗간

일이 있어 돌아가고
없으면 한적한 거리
오가는 이도 드물어

풍년들면 바쁘게
물레방아 돌아가고
걷는 이도 방앗간 참새

한적할 때 동내 젊은이
놀이터 되고
사랑이 싹트던 곳

흐름 속에 방앗간 자리
세월 가며 변해
카페가 의젓하게 차고앉아

생각해 보면

생물은 머리가 있고
눈코 입 귀가 있어
지능은 활동에 기초

활동하는데 에너지가
에너지는 입을 통하고
기능 통해 언행을 하지

생각하며 하는 언행
기본이 되고 좋아

분별없이 마구잡이
시에 따라 이 생각 저 생각

생각 없이 하는 언행
이것저것 잘되고 안되기도

후회는 소용없지
인간 되어 바른 생각
생각하고 행동하면 돼

지난 일은 생각하면
바른 방법 알지만
부족하면 더 생각해야 해

바둑의 묘수

바둑판은 우주
선과 선의 점을 이어
집을 짓고 집 많으면 돼

역사가 길어 묘수도 많아
사고와 집중 끈기와 도전
자신감 성취감이 최고

번갈아 두기는
순서와 생각의 시간
잘 쓰는 자 왕

생각하고 생각하면
묘수는 생겨나고
지다가도 이기는 것

전체를 보고 읽고
국지전 보면 판단
시간이 약이지

가일수 요소 선점
급소 버리기를 잘 활용
하심에 마음 수행

인생도 바둑과 같아
생각하고 기다리며
수를 잘하면 매사 형통

자화상

그림은 시각적으로 좋아
색을 넣으며 더욱 좋아
그림을 그리면 마음이 뻥

자연의 산수화 추상
사물의 영혼
인간상

생활 속의 영상
일하기 놀기 휴식
식사 운동 식구 사람 상

편안한 자세
화난 얼굴
웃는 모습 다 좋아

자화상은 마음 말 행동
상황 따라 나타나
사회 자화상은 포카페이스*

* 포카페이스: 무표정한 얼굴

간월도

아침 일찍 차를 타고
태안으로 달리니
여름이 무성하여
산과 계곡이 싱그러워

쏟아지는 소낙비
시 친구의 웃음꽃
분위기 돋아주고

태안만 굽어 돌다리를 건너
출렁이는 바다를 보며
물장구치는 가족

간월도 드넓은 바다
마음이 설레고
태양이 우리를 부르네

간월도의 참치
토끼섬의 흑엽소가
동네 친구되 즐겨

밀물에 간월암이 잠기고
석양에 황금 노을이
좌정하여 멍때리지

달리는 철마

눈 감으면 감미로운 음률
눈 뜨면 산천초목
사계절 오색무늬 아름다워

지하를 달리는 전철
눈 감으면 삼라만상
눈뜨면 각양각색

인간사 파노라마
축지법 중에 주머니 가볍고
빠르게 갈 곳을 밟아

콩나물 차는 인생을 음미
신천지를 맛보게 되고
텅 빈 철통은 상상의 나래를 펴

묵묵히 달리는 철마는 고맙고
뭇사람과 더불어 왕래하니
마음이 여유롭고 즐거워

생의 기쁨

지구는 풍채가 좋아
비 오고 바람 불고 공기 좋아
빅뱅이 만들었지

너는 네가
잘났니
어버이 덕이지

그렇게 태어나
세상살이
험악하고 순탄해

순탄하면 순탄 한데로
험악하면 험악 한데로
순응해야지

선악이 같지 않아
악이 선이 되고
선이 악이 돼

문제는 기본이지
만물이 환경에 적응하며
조화되면 다 기쁨이지

어울려 살자

삶은 과거와 현재 사이
수가 적으면 어울려 살고
수가 많을 때는 별개로

여건이 어려우면
같이 더불어
나아지면 덕분에

더불어 지원하면
힘든 일도 잘돼
즐겁고 행복해

혼자는 장애가 많아
풀기가 힘들지만
편안해 좋아

그래도 혼자는 어려워
같이 뭉쳐 어울려 삶이
인생 즐거움 아닐까?

잠재된 재능

세상에 태어나
이목구비 반듯하고
건강한 몸매

누가 봐도
예쁘고 천진난만
천사 같아

대여섯이면
윤곽 드러나고
갈 길을 알아

수십 년 지나면
모습과 행동이 변해
삶이 어름 짐작 가

잠재된 재능은
살아나고
어른스레 가는 건
잠재된 재능

세상에 태어나
이목구비 반듯하고
건강한 몸매

누가 봐도
예쁘고 천진난만
천사와 같아

어른이란

아이는 아이
어른은 어른

어른 아이도 있고
아이 어른도 있지

어른은 신체와 정신이
형성되면
모습은 제각각

어른답지 못하고
성숙하지 못하면
손가락질 딱 좋아

능숙하고 점잖으며
혜안으로 바라보며
사랑과 배려 풍겨

언행이 바르고
어른값을 하며
돌부처 되었지

대중교통 승객

인간은 언제부터인가
일터에 나가 일하며
사회생활 하지

사회조직 일원으로
걷거나 교통으로
일터에 가지

교통에는
몇백몇천 군중
침묵과 언행이 비치고

예의와 도덕이
눈에 띄게 드러나면
인간 탈을 알게 돼

이 세상 사는 우리
마음이 서로 달라
조용할 날 없어

오순도순 사이좋게
사랑하며 행복한 날
머지않아 오겠지.

우주의 삶

계속되는 우주 빅뱅으로
탄생한 지구
연륜을 먹었다고

수천 개의 유성
개성과 특색 있어
장관인데

지구와 같은 별은
언제나 찾을까?
그럼, 유성 여행 가겠지

미래 꿈꾸며
상상을 그리지만
진짜는 지금부터 가면

유성을 타고 와
지구를 안고
훨훨 날아갈 거야

장마의 여운

자연은 오묘한 것
변화무쌍하고
기적같이 주저앉아

자연의 변화는
물바람 태양 바람의 삼총사

아지랑이 하늘로
바람 따라 오르고
귀향하여 내려

흙과 산천초목
반갑다고 환영하며
웃음꽃 펴

수평선 밑 바다
위에 뫼가
세상을 이루고

생물은 아래위로
식물은 지상과 바다에
보금자리를 펴

만상은 입 구걸로
하염없이 헤매며
손발을 휘저어

인생이 나이 들면
모든 것 내려놓고
등정 후 하산하듯

인생의 내리막길
아는지 모르는지
안아 주면 좋겠지.

잠자리 펴는 낙엽

시간이 가고
세월이 가면
변하는 것이 많아

변하는 것은 이치
곱게 변하면 좋아
무지개지 떠

색이 보이면
눈이 즐겁고
마음이 편해

나뭇잎은 낙엽 되어
황천으로 가면
새로운 초록이
나 봐라 생긋 웃지

그래 낙엽은 쓸쓸히
떨어져 가는 것이 아니라
내일을 위해 자러 가는 것이지

제2부 흰 고깔 쓴 백 연꽃

비둘기 평화
발 뻗고 자자
돌 팔매질
언제 다시 만나리
그런 걸 왜
거짓말
비 오는 날에
친구들과 부부등산 하는 날
요동치는 장맛비
얌전한 장맛비
즐겁고 행복한 한 주
흰 고깔 쓴 백 연꽃
삿갓 여행
한성에 남긴 발자취
짐
슬픔
유목민의 생활

비둘기 평화

어디선가 스르르 바람이 일고
무리의 싱그러운 구름이
상공을 뒤덮고

하늘을 나는 무리
온통 평화로 물들여지고
수없이 날아가 펼쳐
손들어 우리를 보내

비둘기 모습은 군중과 더불어
한통속이 되어 분위기 잡네
인생은 노래를 부르지

이제야 모든 비운이
땅속으로 스며드니
평화의 국기가 휘날려

발 뻗고 자자

진짜 할 걱정은
쥐꼬리만 한데
웬 걱정

인생이 몸과 마음이 따로
언행도 가지각색
정이 그리 많아

걱정이 작던 크던지
생각은 누구나 하지만
걱정일랑 마라

매 맞은 사람
때린 자 같지 않아
발 뻗고 자

숙제한 자 속 편하고
안 한 자 속 타지만
걱정 안 할 수 있나

그래도 걱정 안 하면
마음이 불안
사서 걱정하지

인생은 걱정을 사서 하니
불안을 지고 살며
걱정 안 할 수 없어

돌 팔매질

게는 가제 편
가제는 게 편

여자는 여편
남자는 남편

남편은 아내 편
아내는 남 편

없는 사람 네 편
있는 사람 내 편

이 마을은 네 편
저 마을은 내 편

동족은 네 편
타족은 내 편

이렇게 싸우다
심하면 돌팔매
이래도 되나요
둘이 합쳐야지

언제 다시 만나리

짐승은 태어나
새끼 어른이
다 같이

태어난 곳에서
맴돌고 맴돌다
세상 하직해요

태어난 곳이 복이라
느끼며 살아가고
말없이 놀아요

인간은 밤낮이 변해
생각도 삶도
세상이 바뀌죠

먹고 살고 자기
바꾸고 변하면
살고 지고

새 인생 덕분에
새 생활 하면
헤어짐에 그리움
언제 다시 만나리

그런 걸 왜

살다 보면 할 일이
태산이라 때로
정신을 놓고 살지

누구는 일이 없어도
갈 곳이 많아
개 걸음

마당발은
친구도 가족이라
일을 두고 못 봐

이리 뛰고 저리 뛰고
얼굴 보고 마주 쳐야
가슴이 놓여

팔자가 그런가 봐
손 놓으면
몸이 두리번두리번

몸이 가만 못 있어
하고 나면 좋은데
그걸 왜 하냐고?

거짓말

진실은 만사여의
진실 아닌 언행은 거짓
누구나 외톨이

거짓은 허울이 멀쩡해
때깔도 좋아
보기도 탐 나

시간이 흐르면
탈이 변하고
낌새를 눈치채

이리 가도 외면
저리 가면 뒷면
낯짝이 두꺼워

사랑스러운 인생은
거짓말
함부로 못 해요

비 오는 날에

지구는 혼자가 아니다
태양의 하수인
해바라기처럼 돌고 돌아

지구가 기울어
계절이 바뀌고
생물이 발작하지

구름은 기분 따라
심술을 부려 바람 불고
비 오락가락

얌전히 나리는 비
주룩주룩 내리는 비
사람의 마음을 흔들어

막걸리 빈대떡 안주 삼아
그리운 추억을 더듬고 씹으니
인생 장날이네

친구들과 부부 등산하는 날

전철역에 만나 양재천을 걸으며
장마에 쓸려간 개천 보며
그간의 일과 세상 이야기하고

나이 들어 잊지 않고 일정에 잘 맞추어
정기적으로 걷기를 하니 자축을 핑계로
식사와 차 기부에 즐거워

어제는 AIP동창*들과 점심을 하며
이야기꽃을 피우고
시립미술관에 들러
에드워드 호퍼의 "길 위에서"
작품들에 큐레이터의 해설에 감복해

그제는 헬스크럽 친구들과 월례 점심으로
조촐한 점심 반주 겸해 세상 이야기
자유롭게 건네며 시간을 잡아먹고

저녁 백남조 기념관*에서 시립교향악단의
로시니 오페라 차이콥스키 인형모음곡,
비제의 카르멘을
열정적인 윤한결* 지휘로 감상하다

이렇게 일주일을 예술과 함께하니
연로에 취미로 삼던 일들이
마음에 와닿아 흐뭇함을 느끼고
이런 좋은 날도 있나 생각하니
살아 있어 갖는 고마움이겠지!

*AIP 동창: 서울공대 최고위,
*백남조 기념관: 성남시 소재.
*운한결: 역동적인 젊은 시향 지휘자

요동치는 장맛비

쏟아지는 비 주룩주룩
하늘 위 번개는 불덩이
천지를 진동하며 큰소리쳐

지구가 목마르지 말라고
때맞추어 사철 눈비를
자연의 오묘한 이치

온갖 별에 오면 좋으련만
아직은 아니지
복 받은 지구뿐이지

노아의 방주를 생각하며
오늘 맞는 장맛비는
다르지 않지

한곳만이 아니라
지구를 돌며 번갈아
뿌려대니 난리나

장맛비는 주룩주룩이 아니지
양동이 물 퍼붓듯 쏴~
온통 집어삼키는
삼라만상 무너지는 소리

없는 데는 큰 선물이나
넘치는 데는 과분해
원망도 이만저만 환경 탓이니
하염없는 눈물이 주루룩

얌전한 장맛비

지역에 따라 다르고
위도에 따라 다르지만
지구의 자전으로 태양열의
차이에 따라

봄여름 가을 겨울이
대충 지역에 와 닿으면
모양새는 같아져

한곳에 기온이 맞아 비면
자전으로 벨트 지역
돌아가며 비가 와

기온 차가 심한 지역에는 세차게
덜 더운 지역에는 기분 좋게
신만이 할 수 있는 일이라

한여름 주룩주룩 쏟아지는 장맛비
조용히 내리는 비는 낭만이 있고
비바람과 함께 오는 비는 시원하지
더위에 시원함을 어디에 견줄 수 있나요

비는 인생도 이야기해
지난 일을 생각하며 앞날을 계획하고
봄에 뿌린 씨에 걷을 수확을 꿈꿔

즐겁고 행복한 한 주

신축년에 약속 일정을 하루하루 적고
주초에 주 일정을 보며 영상을 그리고
하루를 잊지 않게 마음으로 되뇌지

오늘 운동 삼아 망우리를 지나다가
젊은 시절 영란교회 옆 알려 준 친구 집
영감으로 바로 찾아 반갑던 그때
조그만 교회 산더미 같아

조선 500년의 태조와 함께 잠든
동구릉 들러보며 역사를 음미하고
하루 휴식을 취하며 세상사 생각하고

비채나*에서 가족과 함께 오찬을 하며
장마철 비 온 후의 낮게 깔린 안개
잠실벌 아파트 군림을 내려다보네

*비채나: 롯데월드 내 음식점

흰 고깔 쓴 백 연꽃

물 위 사는 수련과
땅 위 사는 수련(토란)은
잎이 커 보기 좋고 시원해

수련은 봄이 되면
소리도 없이 물 위에
잎을 띄워 얼굴을 내밀어

다리 힘이 생기니
손이 커져 팔을 휘두르고
나 보란 듯 손짓하지

햇살과 비를 받아 달항아리 같은
꽃을 피워내니 벌 나비 날아와
사뿐히 입맞춤해

수련꽃을 보니 눈은 즐겁고
힘 좋은 뽀얀 몸을 화사하게 펴
생물은 더욱 건강해

삿갓 여행

뭉게구름 피어나
온통 아름다운 마음의 산하를
둥글게 그리고

어제는 유달산 오늘은 탐라도
내일은 불국사 모래는 경포대 오죽헌
법주사 어디메뇨

생물은 밭채 내일은 산초
모래는 어물
그 맛 선하고 향기로워

달덩어리 반쪽 손잡고
더덩실 춤추고
삿갓의 추억을 음미하며
고향을 안개 속에 그리네

인생은 소리 내어 와서
왔노라 보았노라 갔노라
우쭐대며 하늘 날다

발자취는 호랑이 되어
장엄하게 걸으니 명불허전
후세에 영원하리

한성에 남긴 발자취

왕궁이 어언 6백 년
초가집이 화려한 공간들로
키를 경쟁하며 도시를 일구고

인생은 안팎으로 미려해지고
감성과 문화가 연륜이 차
바다를 이루어 감개무량해
꽃피고 하늘로 나르지

좌청룡 우백호 홍인지문 기슭에
성곽을 둘러보니 휘황찬란
오색 빛을 날리며
국민을 감싸고 영욕을 사랑으로
두 손 들어 하늘을 찌르네

민족의 얼이 모두 일어나
이화장 위 카페에서
찻잔에 비친 남산을 바라보니
역사는 흘러도 자국이 남아

생물이 자극받아
행복하고 평화로운
국가와 역사를 이루라고
끝없이 손짓해
한성의 발자취가 남긴 서울

인생은 안팎으로 미려해지고
감성과 문화가 연륜이 차
바다를 이루어 감개무량해
꽃피어 하늘로 날아

생물이 자극받아
행복하고 평화로운
국가와 역사를 이루라고
끝없이 손짓해

짐

인생은 등에
짐을 잔뜩 지고
먼 길을 가네

의식주 없이는
명을 지탱하지 못하니
어이없어

일짐 먹짐 옷짐 침짐
다 있어야 해
생명은 먹짐이야

머리카락 솟는
힘으로
몇 배 짐을 이겨

혼자는 훨훨
짝을 지면 쿵쿵
무거운 걸 붕 붕

인간의 힘은
역경에 기가 움터
날개를 달아주나 봐

슬픔

생물은 가슴이
매어지면
몸을 몰아쳐

세상에 슬픈 일
어려운 일 좋은 일
마음을 휘저어

감정 휘 들러
몸부림치면
표정은 발광해

도가 지나치면
몸을 뒤틀어 쥐어짜
화를 토해 웃음과 슬픔

어린이 어른
남녀노소
가릴 것 없어!

그중에
어려운 일은 하나같이
슬픔을 토해내

격정이 가시면
뒤돌아보며
새 마음을 다지게 돼

유목민의 생활

땅이 작고
인구가 많으면
눈에 다 보여

숨고 가리고
안 보이려 해도
소용없지

생물을 키워도
땅이 크고 인구가 적으면
홀로는 않되

동물은 덥거나 춥거나
먹을 것이 적으면
행동이 변해

한눈팔면
50보도 안 보여
밤새 찾아야 해
유목민의 하루는 힘겨워
터득되면 다르지

제3부 나뭇잎의 노래

겨울잠 자러 가는 낙엽
억새와 갈대의 시기
화롯불
조그만 실수
무더운 여름
나뭇잎의 노래
매미 소리
낙엽을 밟으며
인왕산의 발자취
고로쇠 물
불탄 자리 고사리
태풍
물든 가을 하늘
낙엽이 휘날리는 속에
미끼
잠재력
존재가치

겨울잠 자러 가는 낙엽

알록진 보자기 펼쳐 놓은 듯
삼라만상이 물감으로 덮이고
자태를 뽐내며 나보라 하지

생물은 한때를 으스대고
자기 배를 두드려
큰소리를 쳐

계절이 바뀌어 힘이 빠지면
물줄기 막히고
목이 타 꼭지에 힘이 떨어져

후손을 위해 비키라고
밀어 나가떨어지니
자러 간다고 시늉

난 겨울잠 가는 낙엽
소리치며 아우성
깃발을 휘날리지

억새와 갈대의 시기

온천지에 변화가 오면
누구나 그래 나도 알았지
짐작하고 고개를 앞뒤로

산에는 억새
해변엔 갈대
서로를 자랑하지

억새는 백발
갈대는 반백
형님 아우 자랑하지

몸집은 갈대가 세고
억새는 나이

들어 약골
서로 으스대고 시기해

나이 외모를 자랑하지만
억새는 세게 버텨
갈대는 바다까지 밀렸나?
그래도 우리는 다 좋아해

화롯불

겨울 추위는 무섭지요
바람이 세차면 더욱
옷깃을 여미게 되고

모자는 꾹 눌러쓰고
몸 웅크리고
종종걸음 하게 돼

찬바람이 일면 화로에
숯불 덩어리 담아
불 삭을까 금이야 옥이야

화로에 옹기종기 앉아
손 녹는 엄마 손
오순도순 이야기 정겨워

시간 가 꼬르륵 소리
이웃집 아낙 계세요
고사떡 쟁반을 내밀어

화롯불에 마주 앉아
행운 잡은 부자
꿀떡 물고 웃음 함빡

조그만 실수

살다 보면 큰일 작은 일
좋은 일 나쁜 일
성공과 실패의 연속

말, 행동을 잘못하고
생각을 잘못하여
일이 벌어지면

생각하고 하는 행동
생각 없이 하는 말
종점은 판이해

몸과 마음에 상처 나고
이웃에 상처 남아
인간관계 치명상

어려서 용서되지만
성년은 아니지
후회보다 반성이 최고

언행은 잠시
생각하고 말하면
인생 탈이 도망쳐

무더운 여름

가만히 있으면
그리 덮지도 않건만

조금만 움직이면
땀이 송송 이마에
더하면 땀방울이
얼굴 몸에 범벅

태양이 삐딱해지고
환경이 변하면
햇살 뜨거워

자연은 솔직해
받은 데로 전하니
바로 와 온열

밤이 가면
사그라지지만
신경 써 살펴야지

안보다 밖이라
안마당에 누워
하늘 보며 옛날이여

나뭇잎의 노래

태양이 제 위치를 찾아
기울기를 펴니
바로 서 우리를 보고
색깔이 따스함을 느껴

목마름도 예전과 달라
수분이 적어도 좋아
녹색도 황록색이 되고

변하기 시작하니
옷 색깔이 바뀌어
우리를 즐겁게 해

인생은 언제나 변하고
새로운 기분을 느끼며
행복하게 살아가려 해

새로운 환경에 마음이 변하고
생각도 바뀌니 창조되니
이 맛에 인생은 즐거워

저도 모르게 콧노래 부르며
가벼운 발걸음으로
휘파람 불며 나래를 펴

매미 소리

생물은 추우면
활동이 둔화고
움추려들어
모습도 변하지

날씨가 좋으면
활동이 활발하고
활개를 치며
2세를 꿈꾸지

짝을 찾아
삼천리 길도 멀지 않다고
밤새워 꿈을 꾸고
놀이하지

일어날 때가 되면
예외 없이 몸을 날려
하늘을 날고

이제 내 세상 왔다고
큰소리치며 노래하니
사랑도 따라 나를 불러

우리 세상이 왔다고
이웃사촌 되어
즐거운 파티 하네

낙엽을 밟으며

가랑잎이 되어
땅에 구르면
보기도 불성 사납고
치우기도 지겨워

가랑잎 밟는 인생은
밟히기보다
밟는 인생이 즐겁지
인생의 갈림이니 어쩌지

사랑스런 연인 덕분에
밟으면 소리조차
음악인 것을

하늘 높은 가을엔
온기 탓에
밟으면 마음이 포근해

낙엽 길을 따라
정다운 벗과 걸으면
낙엽은 우리를 걷지

인왕산의 발자취

좌청룡 우백호는 산수가 좋아
명당자리로 일컫는데
인왕산은 우백호로
산세가 좋고 돌산이라
믿음이 가는 듬직한 돌부처

사철 암말 없이
자리를 지키고 역사를 담아
우리에게 전하니
보물이고 도서관이라

천년세월 뭇사람들이
그림으로 세월을 낚고
사진으로 모습을 담아
추상과 현실이 하늘을 수놓고

걸음걸이 좋아 즐겁고
중간 그늘 집이 있어
소 책방 도서관에 쉬어가네

한 발짝 넘으면 윤동주* 박물관
암울했던 처절한 시간 흘러
힘들던 국민을 어루만져 주네

*윤동주: 시인

고로쇠 물

태양이 있어 빛을 받고
온기를 주어 자라며
물이 에너지를 생성하여
나무가 무럭무럭

누가 태초에 이러한
자연을 생성하였는지
아직도 헤아리기 어렵고
자연은 그저 신비스러울 뿐

태양 빛은 생성
물 없으면 못 살아
공기도 마찬가지

나무 혈액 고로쇠
인간은 약이고
나무에 다이어트?

미네랄 당도가 좋아
자선하겠다고 하네
자연은 우리에 영원한 친구

불탄 자리 고사리

생을 밝고, 명랑하게 생명의 은인
화식을 주는 고마운 신
너 없이는 따스함을 못 느껴

불을 미워하면 화를 내고
삶에 화를 던져 삶을 괴롭혀
언제나 고맙게 대해야 해

한편 자연이 발화해
우리를 경고하고 상처를 내
새 세상을 만들어

봄 되면 물과 햇빛으로
맨땅에 초목 자라게 하고
고사리손은 아주 귀여워

모두의 마음을 달래주고
우리의 굶주림을 달래주어
자연의 기쁨을 노래해

태풍

자연은 자연이지
인간이 어떻게 하느냐
이것이 문제지

태고에 자연이 전부였지
생물이 발전해
만물을 만드니 이때부터

바람 불고 비 오고
계절이 바뀌면
자연은 변하지

생물이 영향을 주고
인생이 자연을 이용하니
현상이 커져
어쩌면 좋을까?

물든 가을 하늘

저 멀리 하늘에는 점들이
나래를 펴고 비상 낙하하며
오는 철새들

먹이와 잠자리를 탐하며
눈동자가 만원경 되어
동료들과 이야기하지

과실의 계절이라
산과 들에 열매가 지천이라
좋은 것 고르고

추위에 잘 견디려면
맛있고 실속 있는
과실을 골라야지

멀리서 오색 잎을 보니
어제 같지 않아
새로운 세계가 보여

역시 여행은 좋은 거야
내년에는 짝도 새끼도 함께
오면 더욱 좋겠지

낙엽이 휘날리는 속에

냉동기도 더위에 지쳐
힘겹게 돌아가니
나도 쉬어가야지

졸면서 신세타령
돌봐주는 이 없고
땅 보며 하품해

바람 불고 비 온 뒤
하늘 맑고 푸르니
마음도 산을 넘지

태양이 내려앉고
산천초목 즐거워
휘파람 불며 흥얼대고

단풍잎 소리 내어
계절 부르고 소리치니
오색이 너풀너풀 춤을 춰

산으로 들로
인생을 불러
잔치하면

나도 또한
흥에 취해
콧노래 불러

미끼

생물은 살기 위해
에너지가 엄지니
풀칠이 생명이라

생명이 보이면
우선 내 거야
게눈감추듯 사라져

욕심이 넘치면
아무것도 안 보여
그냥 달려들면

위장이나
덫에 걸려
미끼가 돼

미끼가 안 되려면
욕심을 버리고
의젓하고 여유로움으로
속임을 피해야지

잠재력

물속은 눈으로 보고
마음속은 머리로 봐

투명 인간 있을까?
면접은 껍데기
대화가 알맹이

재주는
겉은 오리무중 해봐야 알지

누구나 가능성은 100
해보면 백태야

하나만 알아도 살기 편해
잠재력은 보물인걸
자랑 마라

가진 것 자랑 마라
더 많이 있는 자 있어

지식 자랑 마라
더 많이 아는 자 있고

자식 자랑 마라
뛰어난 자 있어

재주 자랑 마라
마술이 있어

거짓말하지 마라, 들통나
가짜뉴스 하지 마라, 패가망신해
말솜씨 자랑 마라, 코미디가 있어

존재가치

계산은 누구나
눈으로 보며 할 수 있어

존재가 있으면
대충 그의 가치도 알아

문제는 가치가 얼마냐 인지
가치 계산을 해야 해

쓰는 사람에 따라 달라
모르면 비교해 봐
쓰임새로 보면 각각

인간의 가치는
무엇으로 정 하나
한마디로 말 못 해
따져봐야 하지

제4부 영혼의 귀향

가을비
단풍잎
한낮의 장대비
먹구름
바다 윤슬의 춤
이 세상이 좋아
무의도 자매 바위
영혼의 귀향
낙조대
지게꾼 인생
러닝 자전거 인생
예단포 서운(瑞雲)
새벽
동공도 어쩔 수 없어
이별
사랑할 때는 몰라
조건 없는 사랑

가을비

봄에 오는 비는
푸르르기 위함이요

여름에 오는 비는
시원하기 위함이며

가을에 오는 비는
목 타는 겨울 예방주사

단풍잎

나무 돌부처처럼 서서
일생을 보내고
먹고 마시고 서서 하지

바닥에서 영양분을 주면
하늘에서 빛이 내려와
결합하여 끼니를 주네

봄가을 사계절을
패션으로 갈아입고
나보라 손을 흔들어

색도 가지가지
자기 취향대로
생물을 즐겁게 하고

계절이 바뀌면
세상사 변하듯
자기도 변해

연약한 초록빛
젊어서 왕성한 푸르름
나이 들어 자태를 뽐내고
갈 때는 훌훌 다 털어

한낮의 장대비

이른 아침 더위 피해
오이며 가지며 고추를 담고
콧노래를 부르며 마을로

힘든 밭농사 반평생
허리도 휘고 손가락도 휘어
바른 몸이 그립네

초가집 마루에 둘러앉자
감자 옥수수 끼니 삼아
도란도란 이야기꽃 피고

먹구름 몰려오고
난데없이 바람이 몰아쳐
소나기가 앞을 가로막아

한없이 퍼붓는 장맛비
굵어지고 몰아쳐
양동이 물 붓듯

앞마당 가득 채워
개울을 만드니 길을 넘어
비야 시원해 나도 시원하네

먹구름

겨울에는 차가운 구름이
봄에는 따사로운 깃털 구름이
여름에 거무스레 먹구름
가을에 뭉게구름 흰 구름

바람이 살 같이 가고
하늘에 수놓아 자태를 뽐내니
조개구름, 깃털 구름 새 구름
웃는 얼굴 그림도 잘 그려

구름은 예술인인가 봐
땅 하늘에다 구름으로
작품을 맘대로 그려

바다 윤슬의 춤

잔잔한 바다 물결이 일고
윤슬이 수없이 구슬을 노래하네

끊임없이 밀려오는 파도에 빛을 안고
끝없이 윤슬이 사장에 희망을 노래하네

흰 구슬은 물거품이 흩어져
작은 행복 나누며 수 없이 웃어

인생도 윤슬과 같이 찰나지
바람 타고 온 윤슬은 해안가 모래에 무쳐
사랑한다 목 놓아 우네

이 세상이 좋아

생물이 세상에 태어나 활동하려면
어미의 보살핌이 지속되어
스스로 활동할 수 있지

지원자를 만나 삶을 터득하고
큰 책상과 단독 방에서
홀로 생활할 수 있어

왕성하면 매사가 즐겁고 행복하지
세월이 농익으면 어리둥절
갈피를 잡기 힘드네

매사가 몸 따로 행동 따로
이러지도 저러지도 못하고
연단 중앙서 가장자리로
한가운데서 옆으로

수명 다 살려니 힘들어
20년 후 하늘나라 가려면
저승사자 약 부탁해야 해

무의도 자매 바위

저 멀리는 남쪽에 영흥도
북쪽에는 영종도가
나를 안고 있어

옛날 장군복 입고
선녀가 내려와 춤춘 곳
바다 하늘과 해상탐방로
좌우로 연결된 무의도

하나개 해수욕장에 가면
좌우로 해안이 있고
테크길 따라가 보면
해변에 황색 만물상이

만물상이 비바람과 태풍에
견딘 호랑 바위 마당바위
그중에 제일은 자매 바위

자매가 온갖 비바람과 태풍에
의좋게 서서 바다를 바라보는
모습이 너무나 의연해

내음이 날리는 길을 따라가면
맨발의 갯벌과 바닷물이
시원하고 경쾌해 물놀이 정겨워

영혼의 귀향

인간의 탈을 쓰고
괴물이 되어
남으로 내려온 원수

나라를 지키려는
소년병의 맨주먹 전투는
힘에 겨워 기진맥진

무장한 북군의 밀물에
한계를 느껴 비참하게
몸을 산하에 날려

거들떠보지도 않고 흘러
사회가 보훈을 일으켜
사방을 찾아 헤매 영혼을 찾아

이제, 그만
험악한 산지에서
네 고향으로 가
편히 쉬라고

나팔 불고 명패 들고
혼령이 집에 오니
부모 형제 다 모여 통곡해

낙조대

낙조대 언덕에 올라
푸른 바다 멀리 바라보며
잔잔한 바닷물에 생각을 떨구고
마음은 바람에 설움을 잃네

조용히 낙조 대 카페에 앉아
온통 붉은 일몰을 바라보며
지난날을 되돌아보네

대단한 사연 안고 말없이 지고
내일도 오늘만 같아
손 인사를 해

지게꾼 인생

물건은 지거나 들지 않고는
움직일 수 없는 외길
짐을 어떻게 해야 하나

좁은 길 높은 길 험한 길
갖고 가기 어려운 짐은 제격
아무리 좋은 차도 무용지물

등에 지고 가는 데는 역시
타고난 지게꾼은 없고
일하는 지게꾼은 있지

생물은 물건 없이 살기 어려워
운반이 생명 줄이지
지게는 등받이 인간의 산물

묵은 목피 인간을 도와
일이 힘들어도
일에서 힘을 얻지

러닝 자전거 인생

생물은 머리가 있어
이리저리 잘도 변해

두발 세발 네발 인력거로
인생도 돌고 돌아

러닝 자전거 타니
달려도 달려도 종착역이 없어

앞만 보고 쉬지 않고 달려
중간역 선 인생의 묘미도 몰라

허공을 떠돌다 힘들면
쉬는 곳이 종착역인데
쉬어간들 어떠리

인생은 쉬며 가는 거야
앞만 보고 달리면
종착역도 못가 발병 나

예단포의 서운(瑞雲)

강화도 마주 보이는 곳
대대로 고기를 잡아
생을 꾸려 살던 곳

고려 때 몽골군이 내려와
이곳으로 도읍을 옮긴
왕실을 에워싸니

오도 가도 못하고
물자 병력이 어려움을 겪어
통로를 개척한 곳

삶이 어려워도
솟아날 구멍이 있다는 옛말이 생각나
신이 예단했던 구호 포구

새벽

태양계를 휘돌아
자기를 씻고 씻어
몸 단장 하고

하루도 빠짐없이
어둠이 오고 가며
소리 없는 북을 치면

어느새 먼동이 트며
새벽을 알리고
태양이 붉게 물들며
방긋 손짓해

감싸고 있는 물과 숲이
공기랑 구름과 어울려
떠들고 속삭이는데

오늘도 인고를 풀며
고통을 해소하고
난관을 극복하라고
찬란한 희망을 비춰줘

동공도 어쩔 수 없어

말이 달려 마차를 낳고
마차는 자동차를 낳고

도로 낀 마을이 어지러워
모두 귀앓이 하고
금수는 혼란스러워

이를 날리려 인간이
유리 벽을 치니
눈이 있어도 못 보는 장님 같아

날아가는 새
뛰어가는 동물
머리 받혀 박으니

어쩔 수 없이
생물이 영혼을 날려
길을 잃고 나 뒹굴다

도로에 수없는 상을 보니
인간을 탓한들 무엇 하리
한없는 눈물을 지울 수가 없네

이별

마음이 통하면 친구
친구가 통하면 정
정이 통하면 사랑

인생이 태어나
동고동락하고
대화가 통하면 정들어

동갑내기 더하고
아래위 사이도 버금가
이성이면 날개 달려

어느 날 일이 생겨
마음이 갈리면
남남보다 더 심해

친구 간의 헤어짐
젊어서 인내가 있어
시간이 약이고

부자지간의 헤어짐
언제나 다시 만나리
헤어짐이 아쉬움이지

남과의 이별
마음이 슬퍼
술로 풀고 전전

임과의 이별은
모든 것을 잃어
식음을 전폐하지
이별은 인간의 고배

사랑할 때는 몰라

사랑은 그냥 되냐
감정이 통해야지

감정은 어디서 오나
시간과 대화 느낌이지

우연히 만나 세상사 이야기
시간 가는 줄 몰라

자연스레 털어놓으면
부지불식간에 알게 모르게 다가와

보고 또 보고
시간이 어떻게 가는지 지나야 알아

며칠 몇 개월
만나고 또 만나다 보면
이미 사랑하고 있어

조건 없는 사랑

어머니 날 낳으시고
아버지 길으시니
그 은혜 한이 없어

눈코 뜰 새 없이
곁에서 돌보시니 나는 잘 크지

AI도 로봇도 아주머니도
어머니 같지는 않아

무조건 사랑은 아무나 않되
모정이 제일이지

다 커도 똑같은 이야기
어떤 것도 안 되지.

제5부 신의 귀띔

연꽃
태백의 구문소
여행길은 피난 길
봄의 노래
훈풍이 잠 깨워
프로포즈
성묘 가는 길
신의 귀띔
길
오리 부부의 사랑
대청마루
매미의 사랑
행복
자화상
제라늄꽃
생물을 넘어서
철드는 시련

연꽃

연이 토란과 사촌인 듯
실 같은 가지에
우산이 천막을 치고

질펀한 흙 자리에
멍석을 펴니
이보다 시원한 곳
어디 있으랴

하늘에 구름이 가니
위에는 고운 빛 연꽃이
아래는 불알이
갈 길을 멈추게 하며
뭇사람을 유혹해
고깔 쓴 스님도 반겨요

태백의 구문소*

천고지 마을에는
기온이 육지와 달라
여름에는 시원하고
겨울에는 살얼음

석회석은 마음씨 좋아
물에 녹아 모양 변해
멋진 모양을 만들지

구문소*는 강물이 산을 뚫고
석굴을 이루고 지나가며
연못이랑 냇물을 만들어

새 동물들이 잠시 쉬어
물 마시고 휴식하게 품어주니
고향 산천이네

돌의자에 걸터앉아
웃으며 노래하니
산속의 연못은 희망의 샘

*구문소 : '구문'은 구멍이라는 뜻이며, '소'는 연못을 뜻하고 있음.

여행길은 피난 길

어머니 궁 속에서
하늘을 보며
고요한 시간

어디선가 먹이가 흘러
팔다리가 펴지고
발버둥을 치지

옹골 몽골 엉키어
아귀다툼 속에
산은 높아지고

부모 형제 어둠 속에
악마 구리 소름 돋고
전쟁의 피난 길
인간의 생지옥
그때 그 길을 나서니

그때는
너 살고 나 살자고
허공에 몸을 날렸지만

들판의 비닐하우스에는 오곡이
산마루에는 아파트가
도시에는 상가가 가득

지금은 평안하고 안전하게
신작로 길을 가족같이 하니
옛날 피난의 여행길이네

봄의 노래

앞뜰 정원
목련 앙상한 가지에
흰 봉우리 소리 없이 내밀고

하얀 눈발이
온몸을 덮고 있던
추억이 어제인데

슬며시 몸 안으로
솟구쳐 올라와
봄을 반기고 있어

모진 눈보라
강추위에도
자연은 나를 안아줘

만물이 자랑하는
여왕의 시대를 알려주고
기지개 펴 나르라 하네

발밑에서 요동치며
대지를 달구니
생기 나니 뛰어야지

훈풍이 잠 깨워

영하의 발바닥에
온기는 간데없고
오싹하기만 해

하늘이 구름 가려
바람 불고
한두 번 휘저으니

바위 얼음 사이로
땅거미가 깨고 일어나
날개를 펴면

개구리 눈 부스스
버들강아지가
기지개 펴

프로포즈

생물은 입 있어
말과 행동으로
의사소통해

동물은 몸으로
인간은 몸과 언어로
표현을 전달

생물은 자기 의견을
언어와 행동으로
잘도 표현해

마음이 있으면
분위기 만들어
미소로 요구해

상황이 달라지고
상대가 딴청이면
시간이 필요해

성묘 가는 길

설날 쇠는 날
봄기운이 은은히 서려오고
마음 녹아내려

어버이 만나러
집 청소 옷 갈아입고
단정한 마음으로

산에 올라 성묘하고
인사를 드리니
마음이 상쾌해져

술 한잔 들고
사방을 보니
넘어 산이 바라봐

개울가 어름 밑
졸졸졸 주루루룩
물이 나를 반겨

희망의 봄이 오니
생각한 것들
잘될 거라 말하네

신의 귀띔

먼 시절 자연과 더불어
동식물은 어둠과 밝음
구름 같이 흘러가고

지식이 생기면 따라
수렵 경작하여
포식하는 생활 속에

모르면 몸과 마음이 고생하고
몸을 더 많이 움직여

지혜 있는 생물은
동식물을 활용하여
나은 생활 즐기고

축지하는 인간은
다른 생을 위하여
동식물 나누고

전쟁으로 맨손이면
토끼, 닭, 소를
날아와 살라고 했지

육류 대신 한 마리 닭
우유 대신 소 한 마리
기하급수로 늘어나니

서로 배 불리고
다른 인생에 퍼주니
신의 귀띔 덕이지

길

자연 상태이던 것이
생물이 움직여 만들어
반복하면 새 길이 되지

자주 다니면 발자국도 변해
길이 되고
걷고 행동하기 편해져

큰길 작은 길 좁은 길
물길 산길 숲길
편한 길 험한 길

다니면 길이 되고
안 다니면
길은 숲이 되지

두 길을 동시에 못 가
길이 많아도
다니는 길은 따로지

사람과 통하는 길
찾으면 다 나와
길을 잘 찾으면 편해

오리 부부의 사랑

초식과 생물은
산소와 물이 생명
하나라도 없으면
살 수가 없지

땅과 바다
만발한 산천초목
인생에 보배요

이곳에 사는 생물
모두를 섭렵하지

생물은 생식이 제일
때 되면 적응하고
먹이도 찾아

철에 따라 고향으로
부부 아랑곳 안 하고
계절 잃고 터 잡아

타향 생활하며
개울가에 둘이
앞서거니 뒤서거니 먹이 찾아

개울 바닥 활발히 해쳐
목숨 구하며 양식 나눔
이만한 사랑도 없지

대청마루

사람은 직립으로
바로 누워 잘 수 있지만
동물은 옆으로 자야 하지

인간은 좌우로
동물은 상하로
인체가 구성되어서

인생은 쉴 때가 가장 편하지
하늘을 보며 바로 누워
마음을 노래하며 즐거워

한여름 대청마루에
대자로 누워 눈감으면
세상사 모두 내 것

밑바닥 찬마루 시원하고
위에서 부는 시원한 바람 온몸 감싸
눈감고 스르르 나를 노래해

따듯한 옥수수랑 감자 단호박
한여름 소나기 덕분에
가족이 옹기종기 행복을 나르네

매미의 사랑

초복이 지나 대서가 오니
한여름 손님의 가냘 픈 소리
매년 찾아오는 하모니 연주자들

어느새 여름이구나
고향에서 나와
날개를 펴고 노래를 불러

처음에는 즐겁게
더 더우니 황혼을 아는지
사랑의 노래를 하지

우렁찬 소리에
짝이 좋다고 알리니
둘이 결합하고 즐겨

짧은 인생 긴 여정
누가 알랴만
나뿐인가 하네

행복

일은 자연히 생기고
만들어 주고받으면
인생은 즐거워

사람과 사람 사이
오가는 정
정말로 따스해

생명 존중 나눔
열린 마음 소박한 삶
배려 넘치는 마음

사랑하는 마음은
큰 것 작은 것 다 좋아
사과 한 알도 행복해

자화상

뭇 인생에
엄마 아빠는
나의 전부야

나를 애지중지
보듬고 보듬어
의젓한 인물 만들어

세상에 내보내니
만물의 만물
세상을 휘졌네

어른 되어 사회생활
가족 꾸려 오순도순
가족이 최고야

아버지 어머니
나이 들어 고우시니
부자 안고 보듬어

이런 가족 늘고 늘어
지구상 어디에나
이런 인생 보기 좋구나

제라늄꽃

겨울을 이긴 봄이
떡잎에 가지를 키우고
봄빛이 잎을 키워
제라늄을 세우네

제라늄꽃이 한 송이에
수십 개 맏며느리 얼굴
가지는 두세 수국 같아

창가에 바람 불고
물을 맞으니
대순처럼 무럭무럭

한 송이 피어나니
여기저기서 나도 봐
분홍빛 꽃송이 주먹만 해

지고 나면 연이어
새순이 또 오고
일 년 내 나를 반기네

생물을 넘어서

인간이 태어나
저마다 인생길이 있고
존재의 의미가 있지

생물 중에
가장 귀한 존재 아닌가?
누가 뭐라 해도 훌륭해

모든 생물을 앞서고
지배하며 인도하는 처지에
이 속에서 꽃을 피워

생물들이 서로 경쟁하며
존재를 찾고 살아가지만

도가 지나면 싸움이
피투성이가 돼

인성을 잃고
언행이 변하면
생물이 탈을 써

인성이 되어야 인간이지
못 쓸 생물은 소굴을
벗어나기 어려워

철드는 시련

생물이 사노라면
자연이나
동료 간에
관계가 있어

낳고 자라고
먹고 일하며
몸으로 마음으로
경험을 하게 되고

밤낮으로
남이 하는 일과 부디 처
시련을 겪어

모든 생물에게
영향을 주는
좋은 일 도움 되는 일

이런 일들이 쌓이고 쌓이면
지식 지혜가 생기고
사람을 철들게 해

제6부 종달새의 시름

칭찬 없는 튕김
투명 벽 부딪치는 새
종달새의 시름
사유
그리움
잘될 거야
뽀얀 연기
탈춤
망각
혼신의 등정
꽃피는 봄날
머뭇거리지 마라
거품
물만 같아라
홀로 멍때릴 때

칭찬 없는 튕김

인생은 말없이는
못 살아
생물은 말이 생명

말이면 다 말인가?
말다워야 말이지
언행이 인품이지

좋은 말 고운 말
농담과 재치로
사회생활을 즐기고

말뿐인 칭찬은 그만
진짜 칭찬은
하늘을 집어삼켜

투명 벽 부딪치는 새

자연을 벗 삼아
하늘에서 노는 새들
얼마나 부러운가?

바다 고기들
물속을 마음대로
숨 막힘도 없이
잘도 다니지

땅 위에 식물 동물
마음대로 다니고
아무 데서 쉴 수 있지만
연습을 해야 해

새는 빨라
방향 틀기 어려워
깜작 사이 사고

덫에
전깃줄에
못 쓸 약물에
하소연이 태산이라

인간이 수놓은 장벽에
수난을 당하니
이왕이면 색깔 좀 넣어주소

종달새의 시름

하얀 백사장에 봄이 오면
아지랑이 피고
종달새는 봄노래 부르며
행복해

짝을 만나
어느새 둥지 틀어
새 생명을 보고

더위가 비가 되어
백사장에 물이 차면
알이랑 새끼들은
몸 가름하기 어려워

어미 부르지만
자연은 말이 없고
하늘 위 종달새는
억장이 무너져

걱정 덕에
물은 자자 들고
새끼는 세상 물정 모르고
먹이 달라 아우성

사유(思惟)*

머리를 식히거나
정리가 필요한 삶에
산책은 부양의 날개

나무가 우거진 모래길
바위와 잡초가 반겨주니
생각이 절로 새로워

자연 속 산책은
마음의 여유를 주고
가슴을 비워주니
감정이 순수하고 맑아져

생물도 이를 알련만
되지 않는 객소리
마구 해대니 세상 시끄러워
이때 사유하면 좋지

사유로 되돌아가면
마음은 호수 같고
머리는 바다같이
해 맑아진다면
내일은 기대해도 돼

*성균관대 뒷산을 오르다 보면 입간판 글씨

그리움

생물이면 그리움은
깊이의 차이가 있을 뿐
누구에게나 있나 봐

기다리는 마음이
몸짱 눈빛에 보이지
그리움 나이 들어 보고 싶다

오래돼서 보고 싶어
말하고 싶어
한잔하고 싶어
손잡고 싶어
그리워 보고 싶다

그리움은 나약한 것
마음이 멍하니 무언가 부족하다
과거가 그립고 그 말 한마디가
언행이 맴돌고 추억이 그리워

그리움은 나래를 펴고
온몸이 오싹하니 참을 길 없어
허공을 누비며
눈물이 뺨에 주르륵

잘될 거야

어려서 어른들이
너 커서 무엇이 되고파
물어오면 크게

대통령
장군
선생님

요즘 아이들은 소박하게
교사
요리사
목수

할 일도 많고
직업도 많아
한마디로 말 못 해

자기 하고픈 일
그대로 잘하면
어느 것이든
성공이고 행복이지

처칠은 인생은 열정을
잃지 않고 실패를 거듭하는
능력이라 했지
맞아 이게 행복이지

뽀얀 연기

초가 저녁 아궁이
축축한 날에 풀을 집히면
안개 귀신 자락을 깔고

안개는 낭만을 낳고
황홀경에
허공으로 날아올라

연기는 요물에
선녀같이 날개를 달고
춤추지

춤은 자연에 맞추어
유유자적
탈춤으로 펼쳐지고

연기 자욱한 한옥에
나래를 깔면
숨쉬기 가슴을 쳐

피어나는 아지랑이
모락모락 연기는 퍼지고
향기에 봄날은 가네

탈춤

춤은 좋아
마음의 표현으로
해학이 있지

춤을 추면 멋있고
모습 좋고 마음 움직여
보는 이를 흥겹게 해

탈은 해학이니
얼굴 대신하여
만물을 상징하고

탈을 만드는 사람
인생을 알고
풍자를 알아

내뱉는 말이랑
행동은
사회를 토해내

탈로 행동하고
탈의 말로
세상사 일침을 놓아

망각

살다 보면 하 많은 인생
산과 바다 같아
다 말 못 해

한 말은 시간 가도
못 잊고
밤잠을 설치지

두말은 시간 가면
주마등처럼
확 잊어버려

어린 시절 이야기
체험 잊지 못해
추억으로 나를 알려

꿈은
일어나면 다 잊고
천장을 멍하니

때로 언행을 망각하고
꿈을 잊은 것이
나를 행복하게 해

삶은 죽음을 이길 수 없고
빛이 어둠을 이겨 내듯
나이에 걸맞은 삶이 행복하지

혼신의 등정

정글의 법칙에는
우리의 상식을 넘어
안 되는 것이 없어

산과 바다 어디서나
도구 하나로
의식주를 해결하니

누가 봐도 만물의 영장
필요한 것은
어디서나 만들어

수 명이 *마운트 알프레드
3시간 등정은
어려운 일

반지의 제왕 촬영지서
물고기를 잡지 못해
라면으로 끼니를 채우고

다음 날 각자 카메라 메고
험악한 산행
동료와 경쟁

산이 수려하고
주위는 아람들이 나무 장관이야

옷은 추워 6겹
올라가며 탈 옷
정상 선 런닝 바람 경쟁 덕분이지

봉우리에서 사방을 보니
2면은 호수가 2면은 들판
가슴이 뻥 뚫리지

*마운트알프레드 *높이 1,375m 뉴질랜드 산 이름

꽃피는 봄날

봄은 겨울을 이기고
새로운 자연을 창조하며
자기를 뽐내

기온의 변화는
만물을 만들고
새로운 천지를 흔들어

물의 힘과 온도의 힘
새로운 운명을 탄생시키고
나 보라고 빙긋 웃지

꽃잎 머리를 내밀고
지나가면 옷을 입고
모양을 갖추지

엄동설한 가시나무 떨리듯
몸 둘 바를 모르는 그 모습
온데간데없고

어느새 봉우리를 터트리고
밤사이 비를 맞으며
뽀얀 살을 들어내

자기도 모르게
어두운 밤 단장해
나를 봐 달라고

머뭇거리지 마라

단거리는 뛰어가도
먼 거리는 천천히

바퀴 달린 차 비행기는
속도에 희로애락

인생도 속도는 금 같아
제자리 머물기 어려워

가다가 중지하면 안 간 것만 못하고
안 가면 가는 것만 못하지

생각이 여삼춘
갈 길은 가야지

머뭇거리면
아무것도 아니지

거품

물은 언제나
맑고 투명해
누구나 좋아해

물을 보면
마음이 맑아지고
여유가 생겨

물에 무언가 투입되면
작용이 일어나
거품을 켜고

거품은 형상을 만들고
몸매를 만들어
자기를 정화해

물이 흐르니
모양은 간데없고
물 뼈다귀만 뒹굴어

물만 같아라

물은 목마름에
구세주가 되고
하늘은 활동의 무대

구름에서 내린 비는
자연을 살리고
만물을 정화 시켜

물 없으면
유연성이 흔들리고
온 생물을 마비시켜

비 오면 흘러
강과 바다를 이루고
우리를 시원하게 해

물을 보면 세상 이치
깨닫게 하고
사람다운 삶을 살지

가르침을 깨달으니
물 같이만 하면
세상만사 형통

홀로 멍때릴 때

생물은 영혼이 있나 봐
밤이면 숲속에
울음소리 들리고

낮이면 여기저기
생물들의 지저귐
소리도 아름다워

어두운 밤이면 홀로
언행이 불편하면
마음이 울어

가족 친구가 그리워
옛일이 생각나면
추억을 회상하고

상상의 나래를 휘날리며
머리를 절레절레
멍때리면 바람을 타지

하얀 손 흔들어
고깔 띄우니 웃음이 함박
밥 같은 사람이 되라 하네

맺는말

사람은 누구나
나름의 향기를 품고 뿌리며 살아가고 있는데 나는 어떤 향기를 뿜으며 살아왔고 이웃에게 좋은 향기를 주었는지 생각하게 됩니다. 시도 주위 분들에 좋은 향가를 주었으면 하는데 그러면 참 좋겠습니다.

살아온 날들을 보며
수많은 인생 과정에 여러분들과 많은 시간 관계를 갖고 살아온 여정이 의미 있고 뜻이 넘치는 시간이었던 고마움을 숨길 수가 없습니다.

여러 가지 일 중에
시로 여러분을 접하게 되니 감회가 새롭고 여러분의 덕분에 지금의 제가 있다는 현실에 감사를 표합니다. 또한 앞으로 이런 기회가 다시 오기를 기대해 봅니다.

그동안
사랑 주신 여러분에게 감사하며 나 또한 그러한
사랑을 주고 베풀며 살아갈 수 있기를 바랍니다.

도봉산과 수락산이 있고
사이사이 물이 흐르는 중랑천,
살기 좋은 갈원마을에서 태어나 가족을 이루고 동
고동락 살아오며 내조를 아끼지 않은 홍상미 여사
와 아들과 딸, 손자에게 감사를 드립니다.

**2024년 9월 성북동에서
시인 월계 박 명 남**

생각해 보면

초판 인쇄	2024년 10월 01일
초판 발행	2024년 10월 08일
지은이	박 명 남
발 행 처	다담출판기획 TEL : 02)701-0680 서울시 영등포구 영신로30길 14, 2층
편 집 인	박 종 규
등 록 일	2021년 9월 17일
등록번호	제2021-000156호
ISBN	979-11-93838-25-9 03800
가 격	15,000원

본 책은 지은이의 지적재산이므로 무단전재와 복제를 금합니다.